# BEI GRIN MACHT SICH IHR WISSEN BEZAHLT

AF149260

- Wir veröffentlichen Ihre Hausarbeit,
  Bachelor- und Masterarbeit

- Ihr eigenes eBook und Buch -
  weltweit in allen wichtigen Shops

- Verdienen Sie an jedem Verkauf

## Jetzt bei www.GRIN.com hochladen und kostenlos publizieren

Wolfgang Bach

# Lizenzierungsfragen bei Einsatz von Virtualisierungstechniken

GRIN Verlag

**Bibliografische Information der Deutschen Nationalbibliothek:**

Die Deutsche Bibliothek verzeichnet diese Publikation in der Deutschen National-
bibliografie; detaillierte bibliografische Daten sind im Internet über http://dnb.d-
nb.de/ abrufbar.

**Impressum:**

Copyright © 2008 GRIN Verlag GmbH
Druck und Bindung: Books on Demand GmbH, Norderstedt Germany
ISBN: 978-3-640-43707-8

**Dieses Buch bei GRIN:**

http://www.grin.com/de/e-book/135631/lizenzierungsfragen-bei-einsatz-von-virtua-
lisierungstechniken

FOM Fachhochschule für Oekonomie & Management
Hamburg


Berufsbegleitender Studiengang zum Diplom-Wirtschaftsinformatiker (FH)


5. Semester


Hausarbeit im Fach Betriebsinformatik III
(Hardware/Betriebssysteme)


# Lizenzierungsfragen bei Einsatz von Virtualisierungstechniken

Autor:     Wolfgang Bach

           5. Semester

Hamburg, den 22.06.2008

# Motivation

Eine der wichtigsten Argumente für die Virtualisierung ist die Tatsache, dass ein Großteil der Server auf Dauer nicht ausgelastet sind. Viele Server haben nur kurzzeitige Spitzenbelastungen von wenigen Stunden am Tag oder sogar nur an einigen Tagen im Monat. Mit Virtualisierung lassen sich die ungenutzten Ressourcen besser verwenden, in dem sie andere Aufgaben ausführen. Durch den Umstieg auf virtuelle Systeme kann der Hardwareverbrauch reduziert werden, dies reduziert automatisch auch den Energieverbrauch.

Wenn virtuelle Systeme zum Einsatz kommen, müssen die Besonderheiten der Software-Lizenzierung dabei beachtet werden. Hier greift das Lizenz-Management unterstützend ein.

Ein effizientes Management der Unternehmens-Lizenzen sorgt für Transparenz und kann helfen, Kosten zu reduzieren. Strafen, im Falle von Fehllizenzierungen, können vermieden werden, ebenso unnötige oder überhöhte Lizenzierungen. Dieser Vorteile zum Trotz, fällt es vielen Unternehmen schwer, Ihren Software- und Lizenzbestand zu organisieren.

Virtualisierung ist immer noch ein Thema. Umso wichtiger ist detailliertes Wissen über die Lizenzierung von Software in virtuellen Umgebungen. Diese Konstellation wirft viele Fragen auf und sorgt sowohl bei Herstellern, als auch bei den Anwendern, für Verwirrungen. Verbesserungen in diesem Gebiet können die wirtschaftlichen Aufwendungen für Lizenzen eindeutig senken.

# Inhaltsverzeichnis

# Abbildungsverzeichnis

1

# 1. Einführung

Die klassischen Lizenzmodelle von Software-Herstellern sorgen in virtuellen Welten für Probleme und Missverständnisse[1]. Anbieter und Kunden haben unterschiedliche Wünsche und Vorstellungen in Bezug auf die Lizenzierung von Software auf virtuellen Maschinen. Kein vorhandenes Modell erfüllt bis jetzt die Anforderungen an Flexibilität, Einfachheit und Transparenz der Software-Lizenzierung im Bereich der Virtualisierung in der Informationstechnik.

Die Kunden erkennen in der Lizenzierung virtueller Systeme eine Möglichkeit zur Senkung der Softwarekosten. Die Hersteller hingegen sehen in der Leistungsverbesserung und der Steigerung des Funktionsumfangs eine Rechtfertigung für einen höheren Preis. Diese Arbeit soll einen Überblick der Lizenzmodelle für Software aufzeigen und den sinnvollen Einsatz von Lizenzen im Bereich der virtuellen Systeme erläutern.

# 2. Virtualisierung

Der Begriff Virtualisierung wird in der Informationstechnologie in verschiedenen Bereichen verwendet. Generell bedeutet Virtualisierung die Abstraktion physikalischer Ressourcen. Virtualisierung ermöglicht es, mehrere virtuelle Server auf einer physischen Maschine zu betreiben. Die virtuellen Maschinen (VM) können verschiedene Betriebssysteme ausführen und sind von den parallel ausgeführten VM isoliert. Jede VM kann im Betriebssystem auf ihren abstrahierten Hardware Bereich zugreifen. Die Ressourcenverteilung wird durch den Virtual Machine Monitor (VMM) geregelt. Dieser verteilt und verwaltet die Hardware-Ressourcen für die virtuellen Maschinen so, als würde die VM alleine auf dem Host betrieben werden. Zu den verteilten Hardware Ressourcen gehören u.a.: CPU, Hauptspeicher, Netzwerkkarte, Festplatte, usw. Bei der Virtualisierung wird zwischen zwei Arten von Betriebssystemen unterschieden, dem Hostsystem und dem Gastsystem. Das Hostsystem befindet sich auf dem Server, der die Hardwareplattform darstellt. Als Gastsystem wird die virtuelle Maschine bezeichnet, die auf dem Hostsystem betrieben wird. Die Anfänge der Virtualisierung gehen bis in die sechziger Jahre zurück. Damals wurde Virtualisierung verwendet, um große Mainframes zu partitionieren. Diese knappe

---

[1] Vgl. Wesche, P. (2008)

und kostspielige Ressource musste optimal ausgenutzt werden, so dass mittels Virtualisierung die Hardware effizienter genutzt werden konnte. Im Laufe der Jahre entwickelte sich der PC zu einer günstigen und leistungsstarken Alternative, daher ging die Bedeutung der Virtualisierung in den achtziger Jahren verloren. In den neunziger Jahren begann die Wissenschaft wieder zu erkennen, welche vielfältigen und sinnvollen Vorteile die Virtualisierung bietet. Sie nutzt zum Beispiel nicht ausgelastete Server effizienter und reduziert die Probleme steigender Verwaltungs- und Energiekosten.

Die fortschreitende Verwendung der Virtualisierung kann allerdings dazu verleiten, alle physikalischen Server in virtuelle Systeme umzuwandeln[2]. Aber nicht jede Anwendung ist auf einem virtualisierten System uneingeschränkt lauffähig, daher muss genau analysiert werden, welche Anwendung, auf welchem Server und mit welcher Variante der Virtualisierung optimal betrieben werden kann.

Die Virtualisierung von Servern lässt sich in folgende Klassen einteilen.

## 2.1. Komplettvirtualisierung

Bei der kompletten Virtualisierung wird dem Gastsystem eine abstrahierte und standardisierte Hardwareschicht des Hosts präsentiert. Zugriffe auf den Hauptspeicher und Prozessor können direkt zur Hosthardware durch geleitet werden. Der Zugriff auf andere Geräte (Grafikkarte, Festplatte) wird emuliert, was geringe Systemleistung kostet (ca. 2 bis 25 Prozent). Bei der Komplettvirtualisierung wird zwischen Hosted- und Hypervisor- Virtualisierung unterschieden.

Hosted-Virtualisierung verwendet eine Virtualisierungssoftware[3] (z.B. VMware Server, Microsoft Virtual Server), die auf dem Betriebssystem der Host-Hardware installiert ist. Der Zugriff auf die Hardware durch die Hosting-Software erfolgt über das Host-Betriebssystem.

Hypervisor-Virtualisierung benötigt kein installiertes Betriebssystem als Zwischenschicht, sondern kann direkt auf die Hardware zugreifen. Hypervisor Produkte (z.B. Citrix XenServer, VMware ESX, Microsoft Hyper-V) haben einen Vorteil in Bezug auf ihre Geschwindigkeit, jedoch muss die Hardware unterstützt werden.

---

[2] Vgl. Desai, A. (2007)

[3] Vgl. Ahnert, S. (2006)

## 2.2. Paravirtualisierung

Paravirtualisierung verwendet einen angepassten Betriebssystemkern des Gastsystems, so dass dieser direkt mit der von der Virtualisierungsschicht bereitgestellten und nicht mit der physikalischen Hardware kommuniziert. Die physikalische Hardware muss daher nicht für jede einzelne VM gesondert virtualisiert werden. Die Gastbetriebssysteme greifen direkt auf die angepasste Hardware zu. Der virtuelle Maschinen-Monitor Xen™ erlaubt es, die Hardware dynamisch, in die für den Betrieb der Gastsysteme benötigten Ressourcen, aufzuteilen. Voraussetzung für die Verwendung eines Gastbetriebssystems ist jedoch Anpassung des Betriebssystem-Kernels. So wird zum Beispiel die Betriebssystem-Familie Windows, mangels Unterstützung von Microsoft, bislang noch nicht unterstützt. Der Performance-Verlust bei Paravirtualisierung fällt geringer aus und beträgt zwischen 0,1 und fünf Prozent.

## 2.3. Betriebssystemvirtualisierung

Bei der Betriebssystem-Virtualisierung (z.B. Parallels Virtuozzo[4]) wird auf der Betriebssystem- (Kernel-)Ebene virtualisiert. Diese Variante erstellt mehrere isolierte Container auf einer einzelnen physischen Server- und Betriebssysteminstanz. Als Basis existiert ein Standard-Hostbetriebssystem (z.B. Windows oder Linux), auf dem die Virtualisierungssoftware mit einem proprietären Dateisystem und einer Kernel-Service-Abstraktionsschicht ausgeführt wird. Das Basis-Betriebssystem wird sozusagen multipliziert und den Gästen zur Verfügung gestellt. Die virtuellen Umgebungen selbst beinhalten separate Applikationen oder Dienste. Der Nachteil dieser Virtualisierungsform ist die Abhängigkeit vom Host-Betriebssystem.

## 3. Software-Lizenzierung

Die Installation und Verteilung von Software im Unternehmen wird immer einfacher und kann sogar vollautomatisch erfolgen. Die Installation einer CD auf mehreren Rechnern ist aber, nach geltendem Urheberrecht[5], nicht zulässig. Damit diese erweiterte Verteilung der Software auch rechtlich zugelassen ist, müssen die Benutzungsrechte erweitert werden. Dazu müssen Kunde und Hersteller einen Lizenzvertrag abschließen, in dem alle Rechte und Pflichten aufgeführt sind. Mit dem Erwerb einer Software oder

---

[4] Vgl. http://www.parallels.com/de/products/virtuozzo, Stand 15.06.2008

[5] Schutz der Urheberrechte nach §69a, Abs 3 UrhG

dem Abschluss eines Lizenzvertrages erwirbt der Kunde bestimmte Nutzungsrechte an der Software. Die Urheberrechte verbleiben grundsätzlich beim Hersteller. Die Lizenzen zu den entsprechenden Installationen müssen sicher verwahrt werden, damit im Falle eines Streits die Nutzungsrechte geklärt werden können. In großen Unternehmen mit mehreren Tausend oder sogar Millionen Lizenzen ist der Management-Aufwand immens, und viele Unternehmen unterschätzen bisweilen die rechtlichen und wirtschaftlichen Risiken.

Die Verwaltung von Software-Lizenzen ist keine einfache Aufgabe[6]. So können alltägliche Ereignisse, wie Personalfluktuationen oder Beschaffung neuer Hardware, den Überblick über die Lizenzierung erschweren. Das Software- und Lizenzmanagement[7] hat die Aufgabe, einen transparenten und aktuellen Überblick (eingesetzte Software, Versionen, Laufzeiten, Support- und Wartungskonditionen, etc.) über die Lizenz-Situation herzustellen. Über- und Unterlizenzierungen sollen vermieden werden, damit das Unternehmen sich rechtlich auf der sicheren Seite befindet. Lizenzmanagement ermöglicht darüber hinaus auch ein optimiertes Beschaffen, Überwachen und Organisieren von Softwarelizenzen. Das senkt die Administrierungskosten und reduziert die Total Cost of Ownership (TCO). Die Grundlage für das Lizenz-Management bilden unternehmensweite Richtlinien, die die Beschaffung und die Nutzung von Software einheitlich vorschreiben. Die Kompetenzen müssen klar definiert, und die Beschaffung sollte zentral organisiert sein. So ist es möglich, den Beschaffungsvorgang genau zu überwachen und in die IT-Gesamtstrategie mit einzubeziehen. Im weiteren Verlauf werden die komplette Software und alle beschafften Lizenzen im Unternehmen inventarisiert. Eine einfache Auflistung ist hier nicht ausreichend. Auch die jeweiligen Besonderheiten der Lizenzen (z.B. Version, Typ, Laufzeit, Wartung, spezielle Nutzungsbedingungen, etc.) müssen dabei berücksichtigt werden. Nach Analyse der gesammelten Daten ist ein detaillierter Abgleich, zwischen der tatsächlich genutzten Software und der erworbenen Lizenzen, möglich. Die Inventarisierung und der Abgleich sollten permanent aktualisiert werden, damit die richtigen Entscheidungen beim Beschaffungsprozess getroffen werden können. Am Ende jedes Abgleichs sollte überprüft werden, ob eine Über- (Anzahl Installation < Anzahl Lizenzen) oder Unterlizenzierung (Anzahl Installation > Anzahl

---

[6] Vgl. Reiner, P. (2008)

[7] Vgl. Runge, C (2007)

Lizenzen) vorliegt. Die Überlizenzierung scheint zunächst harmlos, jedoch ist jede überflüssige Lizenz eine Art der Fehlinvestition und ein Verlust für das Unternehmen. Hier wird ungenutztes Kapital gebunden, das an anderer Stelle sinnvoll eingesetzt werden könnte. Auch für nicht benutzte Lizenzen werden oft Wartungsgebühren bezahlt, die z.b. jedes Jahr mit 20% des Einkaufspreises zu Buche schlagen. Langfristig ergeben sich so immense laufende Kosten. Im Falle der Unterlizenzierung muss das Unternehmen schnell handeln, um einen Rechtsstreit mit dem Hersteller zu vermeiden. Es gibt seitens der Hersteller eine Vielzahl an Lizenzierungsarten. Nachfolgend sind exemplarisch einige Arten von Software Lizenzen aufgeführt.

### 3.1. Lizenzierung pro Gerät

Eine Geräte-Lizenz wird einem Gerät zugewiesen und erlaubt es diesem, auf die entsprechende Serversoftware zuzugreifen. Dieses Gerät kann von mehreren Nutzern verwendet werden. Kunden mit mehr Geräten als Nutzern werden sich eher für Geräte-CALs[8] entscheiden. Bevor die Software verwendet werden darf, muss die Lizenz einem Gerät zugeordnet werden. Dieses Gerät ist das „lizenzierte Gerät".

### 3.2. Lizenzierung pro Benutzer

Eine Benutzer-Lizenz wird einem Nutzer zugewiesen und erlaubt es diesem Nutzer, von einem beliebigen Gerät (PC, Notebook, PDA usw.), auf die entsprechende Serversoftware zuzugreifen. Kunden mit mehreren Geräten pro Mitarbeiter werden sich eher für Nutzer-Lizenzen entscheiden.

### 3.3. Server- und Zugriffslizenzen

Eine Anwendungssoftware stellt, auf einem als Server eingesetzten Computer, Dienste und Funktionalitäten bereit. Für jede ausgeführte Instanz der Anwendungssoftware wird eine Serversoftware-Lizenz benötigt. Instanz bedeutet hierbei, die Software in den Arbeitsspeicher zu laden und einen oder mehrere Befehle auszuführen. Zusätzlich zur Server-Lizenz müssen die Verbindungen der Clients lizenziert werden. Es spielt hierbei keine Rolle, ob der Zugriff direkt oder indirekt erfolgt. Indirekte Zugriffe sind z.B. Zugriffe über Multiplexing[9], Pooling oder Dritthersteller-Produkte.

---

[8] CAL engl. Client Access Licence steht für „Verbindungslizenzen für Geräte oder Benutzer"

[9] Multiplexing- oder Pooling reduziert die Anzahl der Geräte, die direkt auf die Server-Software zugreifen.

## 3.4. Concurrent use

„Concurrent use" bedeutet die nicht-gleichzeitige Nutzung einer Lizenz auf mehreren Geräten. Das bedeutet, die Anzahl der „concurrent" Lizenzen muss dem Maximum der gleichzeitigen Verbindungen zu einer Serversoftware oder Nutzern/Geräten einer Software entsprechen.

## 3.5. Prozessorlizenzen

Im Rahmen dieser Lizenzart ist für jeden Prozessor (Sockel) des Servers eine Softwarelizenz erforderlich. Eine Ausnahme von dieser Regel besteht nur, wenn ein Prozessor für alle Betriebssystemkopien, auf denen die Software zum Betrieb installiert ist, unzugänglich gemacht wurde, z.B. durch Partitionierung. Bei dem Einsatz von Prozessorlizenzen müssen keine zusätzlichen Clientzugriffslizenzen erworben werden.

# 4. Lizenzierung von Software in virtuellen Systemen

Im folgenden Verlauf werden die Besonderheiten der Lizenzierung von Software des Herstellers Microsoft bei virtuellen Maschinen dargestellt. Es wird der Bereich der Client- und Serverbetriebssysteme, sowie die Serveranwendungen analysiert.

## 4.1. Windows Server 2008

Betriebssysteme werden pro Gerät lizenziert. Dabei wird eine Lizenz einem bestimmten Gerät zugeordnet. Die Lizenz berechtigt dazu, eine Kopie der Software auf dem lizenzierten Gerät zu installieren und die Software auf dem Gerät zu verwenden. Für die verschiedenen Windows Server Editionen gelten in physikalischen und virtuellen Umgebungen dieselben Lizenzbestimmungen[10], unabhängig von der eingesetzten Virtualisierungsvariante oder Software. Wenn virtuelle Maschinen verschoben werden, muss die Anzahl an Windows-Lizenzen vorher jedem Server zugewiesen werden. Die Lizenzen müssen einem Server für mindestens 90 Tage zugewiesen werden und können, nach Ablauf des Zeitraumes, auf einen anderen Server übertragen werden. Eine genaue Berechnung der benötigten Microsoft Betriebssystemlizenzen in virtuellen Maschinen ermöglicht der „Microsoft Server Virtualization Calculator 2"[11]. Zu den verschiedenen Versionen gibt es im Bereich der Virtualisierung folgende Merkmale:

---

[10] Vgl. Microsoft PUR (2008),

[11] Vgl. http://www.microsoft.com/windowsserver2003/howtobuy/licensing/calc_2.htm Stand 16.06.2008

### 4.1.1. Windows Web Server 2008

Bei der Web Server Lizenz berechtigt jede Lizenz entweder das Betriebssystem auf der physikalischen Umgebung oder das System auf der virtuellen Umgebung auszuführen (1 oder 1).

### 4.1.2. Windows Server 2008 Standard

Jede zugewiesene „Standard-Lizenz" erlaubt es, ein Betriebssystem in der physikalischen und in eines in der virtuellen Umgebung auszuführen (1+1). Wenn beide Betriebssysteme gleichzeitig ausgeführt werden, darf das „physikalische Betriebssystem" nur dazu ausgeführt werden, das „virtuelle Betriebssystem" auszuführen, zu warten und zu verwalten.

### 4.1.3. Windows Server 2008 Enterprise

Eine „Enterprise-Lizenz" erlaubt es, ein „physikalisches Betriebssystem" und vier „virtuelle Betriebssysteme" auszuführen (1+4). Wenn alle fünf erlaubten Systeme aktiv sind, darf das „physikalische Betriebssystem" nur dazu ausgeführt werden, die „virtuellen Betriebssysteme" auszuführen, zu warten und zu verwalten.

### 4.1.4. Windows Server 2008 Datacenter (und Itanium-basierte Systeme)

Jeder Prozessor im Server muss lizenziert werden. Bei den pro Prozessor lizenzierten Microsoft-Softwareprodukten zählt jeder Multicore-Prozessor als einzelner Prozessor, unabhängig von der Anzahl der im Prozessor enthaltenen Kerne (Cores). Auf dem lizenzierten Server darf ein Betriebssystem in der physikalischen Umgebungen ausgeführt werden und unendliche viele „virtuelle Betriebssysteme" (1+n).

### 4.1.5. Windows Vista

Nur für ein lizenziertes Windows Vista Enterprise (Im Rahmen einer abgeschlossenen Software Assurance[12]) für Volumenlizenzkunden ist es erlaubt[13], ein „physikalisches Betriebssystem" und vier „virtuelle Betriebssysteme" auszuführen (1+4). Für die anderen Vista Versionen gilt diese Regelung nicht[14]. Hier muss für eine virtuelle Instanz eine vollwertige Lizenz beschafft werden.

---

[12] Vgl. Microsoft Software Assurance Services (2008)

[13] Vgl. Microsoft PUR (2008)

[14] Vgl. Microsoft Vista Enterprise FAQ (2008)

## 4.2. Beispiel

Folgende Darstellung[15] soll die korrekte Lizenzierung demonstrieren:

Angenommen jeder der beiden Server ist mit einer Windows Server Enterprise Lizenz ausgestattet, dann ist es laut „4+1" Schema für Windows Server Enterprise erlaubt, mit einer Lizenz vier virtuelle Betriebssysteme zu betreiben. Zum Beispiel: Server A betreibt vier virtuelle Maschinen und Server B betreibt drei OSE[16], in diesem Szenario kann eine VM von Server A nach Server B verschoben werden. Lizenzrechtlich gesehen ist das im Rahmen des möglich, denn die 4+1 Regel wird nicht verletzt. Das Verschieben ist jedoch nicht erlaubt, wenn beide Server jeweils vier virtuelle Maschinen betreiben und eine VM verschoben wird. Nach dem Verschieben sind auf einem der beiden Server insgesamt fünf virtuelle Maschinen aktiv, jedoch sind nur maximal vier erlaubt.

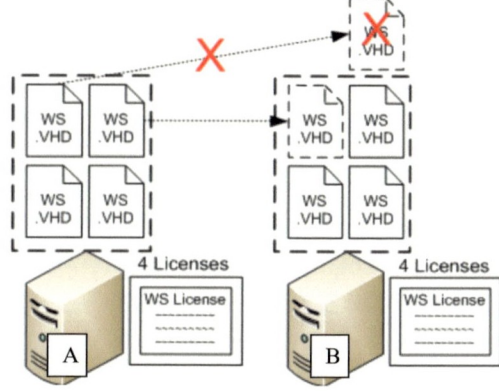

**Abbildung 1 Quelle: "Licensing Microsoft Server Products with Virtual Machine Technologies (Brief)"**

## 4.3. Serveranwendungen

Am Beispiel des Microsoft SQL Server 2005 sollen einige Besonderheiten im Bereich der Virtualisierung aufgezeigt werden. Die Enterprise-Version verfügt (seit Juli 2007) über erweiterte Rechte bezüglich des Ausführens von Instanzen der Serversoftware. Grundsätzlich stehen zwei Lizenz-Modelle zur Auswahl:

- jedem physikalischen Server wird eine Lizenz im Server/CAL Model zugewiesen
- jedem physikalischen Prozessor eines Servers wird eine Lizenz im „Per Prozessor Model" zugewiesen.

Beide Lizenzierungsmodelle berechtigen dazu, jederzeit eine beliebige Anzahl (1+n) an Instanzen der Serversoftware in einer physikalischen und einer virtuellen

---

[15] Vgl. Microsoft Licensing Virtual Machine Environment (2006)

[16] Engl. Operating system environment steht für Betriebssystemumgebung

Betriebssystemumgebung auf diesem Server auszuführen, ohne dass weitere Anwendungslizenzen benötigt werden. Für den BizTalk Server Enterprise Edition (Nur Lizenzierung per Prozessor) gelten die gleichen erweiterten Rechte. Mit einfachen Worten ausgedrückt, sind alle physikalischen Prozessoren

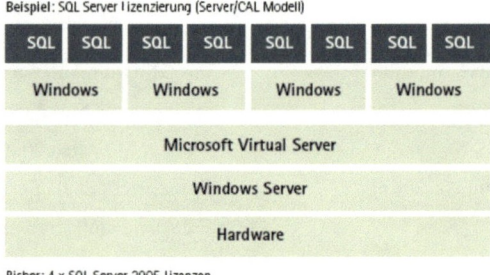

Abbildung 2: Quelle „Lizenzierung von SQL Server 2005 in virtuellen Systemen (Fujitsu Siemens Computer easy 10/2007)"

lizenziert, dürfen auf diesem Gerät ohne zusätzliche Lizenzierung beliebig viele Installationen im Speicher ausgeführt werden. Eine genaue Berechnung, der benötigten Microsoft Lizenzen für Serveranwendungen in virtuellen Maschinen, ermöglicht der „Microsoft Server Virtualization Calculator 1"[17].

## 5. Schlussbemerkung

Der Trend zur Virtualisierung wird sich weiter durchsetzen, weil viele Unternehmen eine Kostenersparnis bei der Hardware erwarten. Die Zuweisung von Lizenzen wird bei der Virtualisierung jedoch zunehmend komplexer, dies liegt u.a. auch an der Lizenzpolitik[18] der Software-Hersteller. Wenn aber die Nutzungsrechte der Lizenzen genauer analysiert werden, ergeben sich auch hier Möglichkeiten, Lizenzkosten zu reduzieren. Ein optimierter Beschaffungsvorgang im IT-Einkauf, im Einklang mit dem Unternehmens-Lizenzmanagement, kann einen wesentlichen wirtschaftlichen Nutzen beim Lizenzieren virtueller Systeme generieren.

---

[17] http://www.microsoft.com/windowsserver2003/howtobuy/licensing/calc_1.htm Stand 15.06.2008

[18] Vgl. Weiss, H. (2008)

# Literaturverzeichnis

Ahnert, S. (2006)          Virtuelle Maschinen mit VMware und Microsoft. Für
                           Entwicklung, Schulung, Test und Produktion, Addison-
                           Wesley, München 2006

Desai, A. (2007)           Virtualisierung als Strategie: Auswahl der geeigneten Server
                           und Anwendungen, Searchdatacenter,
                           http://www.searchdatacenter.de/themenbereiche/virtualisier
                           ung/strategien/articles/67041/, Stand: 12.06.2008

Joos, T. (2008)            Microsoft Windows Server 2008 - Das Handbuch, Microsoft
                           Press; Auflage: 1 (22. April 2008)

Microsoft Licensing Virtual    Licensing Microsoft Windows Server and Other Microsoft
Machine Environment (2006)     Server Software for Microsoft Virtual Server 2005 or Other
                               Virtual Machine Environment,
                               http://download.microsoft.com/download/6/8/9/68964284-
                               864d-4a6d-aed9-f2c1f8f23e14/virtualization_brief.doc,
                               Stand 15.06.2008

Microsoft PUR (2008), o.V.     Microsoft-Product List und Microsoft-
                               Produktbenutzungsrechte (PURs),
                               http://www.microsoft.com/germany/lizenzen/ueberblick/pur
                               /default.mspx , Stand: 15.06.2008

Microsoft Software Assurance   Software Assurance Services
Services (2008)                http://www.microsoft.com/germany/lizenzen/sa/services/def
                               ault.mspx , Stand 20.06.2008

Microsoft Vista Enterprise     Häufig gestellte Fragen zu Windows Vista Enterprise und
FAQ (2007)                     Virtual PC Express,
                               http://www.microsoft.com/germany/lizenzen/sa/services/nut
                               zung/vista_enterprise_faq.mspx , Stand 20.06.2008

Reiner, P. (2008)          Lizenz-Management: Der Weg zur wirtschaftlichen

                           Softwarenutzung, Computerwoche

                           http://www.computerwoche.de/1858897 Stand: 18.06.2008

Runge, C (2007)            IT-Asset-Management - welche Software und

                           Datenverwaltung für IT-Objekte ist zweckmäßig?, GRIN

                           Verlag

Weiss, H. (2008)           In virtuellen Maschinen lauern Lizenzfallen,

                           Computerzeitung

                           http://www.computerzeitung.de/articles/in_virtuellen_masch

                           inen_lauern_lizenzfallen:/2008024/31534698_ha_CZ.html?t

                           hes=8002,9788,9801,9789,9790,9791,9792,9794,9795,9797

                           ,9846,9796&tp=/themen/infrastruktur/, Stand: 9.06.2008

Wesche, P. (2008)          Irrungen und Wirrungen der Softwarelizenzierung ,

                           Computerwoche, http://www.computerwoche.de/1862681,

                           Stand 15.06.2008